Receitas e fotografias de Valérie Lhomme
Produção culinária de Bérengère Abraham

Comidinhas francesas vegetarianas

Tradução de
Eric Heneault

Sumário

5 > INTRODUÇÃO

PETISCOS E ENTRADAS

6 > Homus
6 > Tapenade
7 > Pasta de alcachofra com raspas de limão-siciliano
7 > Babaganuche
8 > Sopa de macarrão integral
8 > Creme de abóbora e leite de coco
10 > Empanados de abobrinhas e suas flores
12 > Salada clássica de legumes grelhados, pinoli e alcaparras
14 > Tofu com gengibre, cebolinha e brotos de alfafa
16 > Rolinhos primavera à moda vietnamita
18 > Minipizzas de tomate, abobrinha e ovo estrelado
20 > Queijo de cabra empanado e salada de legumes crus
22 > Salada de lentilhas verdes

BOCADINHOS

24 > Torradas de pão integral com geleia de pimentão e ovo poché
26 > Pudinzinhos de aspargos com tofu
28 > Torta de alcachofra e queijo pecorino

30	>	Legumes recheados com queijo fresco
32	>	Torta de azeitonas, tomates confitados e mozarela
34	>	Omelete de alcachofras
36	>	Curry de legumes com leite de coco e lentilhas amarelas
38	>	Ravióli de queijo de cabra e hortelã
40	>	Espaguete integral com legumes verdes e pesto de rúcula e amêndoas
42	>	Canelones com brócolis, gorgonzola e nozes
44	>	Risoto de legumes verdes
46	>	Arroz basmati com frutas secas
48	>	Bolinhos de arroz integral com mozarela
50	>	Gratinado de batatas, cará e salsão
52	>	Cuscuz marroquino de legumes e uvas-passas

SOBREMESAS

54	>	Musseline com frutas vermelhas
56	>	Cuscuz doce de quinoa com morangos
58	>	Bolinhos de cenoura e avelãs
60	>	Panquecas de farelo de aveia e baunilha
62	>	Panna cotta com manga e maracujá

Que tal ser vegetariano, pelo menos de vez em quando?

Aviso: este livro não é dedicado aos vegetarianos radicais, e sim às pessoas que, como eu, não sentem necessidade de comer carne ou peixe todos os dias e que se perguntam como substituir as proteínas animais e preparar refeições saudáveis no dia a dia para a família e os amigos.

Amante por natureza de legumes, frutas, ovos e queijos, procurei combinar essas "delícias" com ingredientes mais nutritivos, ricos em proteínas e de absorção lenta.

Comecei trocando o pão, as massas e o arroz branco por seus equivalentes integrais, muito mais saborosos e ricos em fibras, proteínas vegetais e sais minerais.

Em seguida, passei a consumir produtos orgânicos e redescobri o tofu, as leguminosas, os cereais (em geral acompanhados de açúcar e do café da manhã das crianças...). A partir de então, passei a escolher produtos frescos, de acordo com a estação, e a observar sua procedência.

Foi assim que nasceram as receitas saudáveis e saborosas deste livro, muitas delas bastante econômicas.

Não pense que um único dia sem carne ou peixe é prejudicial. Experimente preparar e saborear um omelete com alcachofras, um espaguete com legumes, uma salada de lentilhas ou um tofu macio com gengibre. Que tal ser vegetariano, pelo menos de vez em quando?

Homus

PREPARO: 10 MINUTOS
PARA 4 PESSOAS

> 250 g de grão-de-bico em conserva
> 1 dente de alho sem casca e sem germe
> ½ colher (café) de sal grosso
> 1 colher (chá) de óleo de canola
> 100 ml de azeite de oliva
> suco de 2 limões-sicilianos
> duas pitadas de páprica doce
> 1 colher (café) de gergelim tostado

Escorra o grão-de-bico. Esfregue com as mãos para retirar a pele e amasse até obter um purê. Com um pilão, triture o alho com o sal grosso e adicione ao purê de grão-de-bico. Junte o óleo de canola e metade do azeite e misture até obter uma massa homogênea. Acrescente o suco de limão e acerte o sal. Coloque o homus em um recipiente e regue com o restante do azeite. Guarde tampado, sob refrigeração. Na hora de servir, salpique a páprica e o gergelim.

Tapenade

PREPARO: 10 MINUTOS
PARA 4 PESSOAS

> 175 g de azeitonas pretas sem caroço
> 75 g de alcaparras em conserva
> 1 dente de alho sem casca e sem germe
> 100 ml de azeite de oliva
> folhinhas de tomilho fresco a gosto
> alcaparras graúdas para decorar

Pique grosseiramente as azeitonas antes de amassá-las em um pilão junto com as alcaparras e o dente de alho. Despeje o azeite aos poucos, mexendo sempre, até obter uma mistura homogênea. Junte o tomilho. Mantenha a tapenade sob refrigeração e sirva decorada com as alcaparras.

Pasta de alcachofra com raspas de limão-siciliano

PREPARO: 10 MINUTOS
COZIMENTO: 18 MINUTOS
PARA 4 PESSOAS

> 9 fundos de alcachofra congelados
> 2 dentes de alho inteiros
> raspas de ½ limão-siciliano pequeno
> ⅔ de xícara (chá) de azeite de oliva
> ½ colher (café) de pimenta vermelha em pó

Cozinhe a alcachofra em água fervente por 15 minutos. Retire e deixe escorrer. Na mesma água, escalde os dentes de alho por 3 minutos. Retire a casca e o germe. Coloque todos os ingredientes no liquidificador, despejando o azeite até obter uma mistura cremosa. Adicione a pimenta e acerte o sal. Guarde a pasta na geladeira, coberta com o restante do azeite, em recipiente tampado.

Babaganuche

PREPARO: 10 MINUTOS
FORNO: 30 MINUTOS
PARA 4 PESSOAS

> 2 berinjelas grandes (cerca de 1 kg)
> 2 dentes de alho sem casca e sem germe
> ½ colher (café) de sal grosso
> 1 colher (café) de tahine
> ¼ de xícara (chá) rasa de óleo de gergelim torrado
> 100 ml de azeite de oliva
> suco de 2 limões-sicilianos
> ½ colher (café) de cominho em pó

Asse as berinjelas a 210 °C por 30 minutos. A seguir, retire a polpa com uma colher e reserve-a. Coloque o alho, o sal e a polpa de berinjela em um pilão e soque até obter uma mistura homogênea. Junte o tahine, o óleo de gergelim, metade do azeite, o suco de limão e o cominho. Misture e acerte o sal. Guarde o babaganuche na geladeira, coberto com o restante do azeite, em recipiente tampado.

Sopa de macarrão integral

PREPARO: 15 MINUTOS

COZIMENTO: 25-30 MINUTOS

PARA 4 PESSOAS

> 1,5 litro de caldo de legumes orgânicos
> 500 g de tomate
> 1 maço de coentro
> 1 dente de alho
> 40 g de gengibre
> 4 colheres (sopa) de azeite de oliva
> 150 g de feijão-branco
> 250 g de ervilhas frescas
> 250 g de favas frescas
> 200 g de massa integral pequena
> sal
> ½ colher (café) de pimenta vermelha em pó

Deixe o feijão-branco de molho por pelo menos 12 horas. Se preferir, use feijão-branco em conserva; neste caso, escorra os grãos e acrescente no final do preparo, quando o macarrão estiver parcialmente cozido.

Prepare o caldo de legumes. Em uma panela com água fervente, mergulhe os tomates por 2 minutos. Retire e deixe esfriar sob água corrente fria. Tire a pele dos tomates e pique. Lave, seque e separe as folhas de coentro. Descasque e pique o alho (sem o germe) e o gengibre bem miudinho.

Em uma panela, refogue o alho e o gengibre com metade do azeite por 3 minutos e despeje o caldo de legumes. Junte metade do coentro e o feijão-branco. Tempere com sal e a pimenta vermelha. Deixe cozinhar em fogo brando por 15 minutos, ou até o feijão-branco ficar macio. Ponha as ervilhas, as favas, o tomate picado e o macarrão. Deixe cozinhar de 5 a 10 minutos, conforme o tempo de cozimento indicado na embalagem do macarrão.

No momento de servir, coloque o restante do coentro e regue com o restante do azeite. A sopa pode ser servida quente ou fria, dependendo da estação do ano.

Creme de abóbora e leite de coco

PREPARO: 10 MINUTOS

COZIMENTO: 20 MINUTOS

PARA 4 PESSOAS

> 1 xícara (chá) de caldo de legumes orgânicos
> 1,5 kg de abóbora-menina
> 2 colheres (sopa) de azeite de oliva
> 2 cebolas pequenas picadas
> uma pitada de canela em pó
> uma pitada de pimenta-da-jamaica
> sal e pimenta-do-reino moída a gosto
> 1¼ xícara (chá) de leite de coco, mais ½ xícara (chá) para servir
> 4 colheres (sopa) de trigo-sarraceno ou gergelim branco tostado
> 1 colher (sopa) de óleo de canola

Prepare o caldo de legumes. Descasque a abóbora, lave, corte, retire os filamentos e as sementes e pique em cubinhos.

Em uma panela grande, coloque o azeite e frite a cebola em fogo brando. Adicione a abóbora e refogue por 5 minutos. Despeje o caldo. Junte a canela, a pimenta-da-jamaica, o sal e a pimenta-do-reino. Tampe a panela e deixe cozinhar por 15 minutos, ou até a abóbora ficar macia. Coloque o leite de coco. Reaqueça o creme sem deixar ferver.

Sirva em cumbucas. Despeje um pouco de leite de coco. Decore com o trigo-sarraceno ou o gergelim tostado e um fio de óleo de canola.

Empanados de abobrinhas e suas flores

PREPARO: 10 MINUTOS
DESCANSO DA MASSA: 15 MINUTOS
COZIMENTO: 2 MINUTOS POR EMPANADO
PARA 4 PESSOAS

Para a massa
> 1 2/3 xícara (chá) de farinha de trigo
> 4 colheres (chá) de fermento em pó
> sal a gosto
> 2 xícaras (chá) de água gelada

Para os empanados
> 1 abobrinha bem firme
> 16 flores de abobrinha bem frescas
> 1 colher (sopa) de flor de sal
> ½ colher (café) de cominho em pó
> 2 litros de óleo de girassol

Prepare a massa. Misture a farinha, o fermento e sal a gosto. Acrescente a água gelada aos poucos, sem parar de mexer. Deixe a massa descansar por 15 minutos, coberta, na geladeira.

Lave, seque e corte a abobrinha em fatias finas. Limpe cuidadosamente as flores de abobrinha com um pano seco.

Em uma tigelinha, misture a flor de sal com o cominho em pó.

Aqueça o óleo em uma panela grande. Coloque cada fatia de abobrinha na massa e mergulhe imediatamente no óleo a 180 °C.

Assim que as fatias de abobrinha dourarem, conte 2 minutos, retire e coloque em um prato forrado com papel-toalha. Faça o mesmo com as flores. Salpique os empanados com a mistura de flor de sal e cominho e sirva a seguir.

Sugestão: Se não gostar de cominho, use apenas a flor de sal. A receita também ficará perfeita.

Salada clássica de legumes grelhados, pinoli e alcaparras

PREPARO: 20 MINUTOS

COZIMENTO: 30 MINUTOS

MARINADA: 30 MINUTOS

PARA 4 PESSOAS

Para a salada de legumes

> 2 pimentões amarelos ou vermelhos orgânicos
> 4 tomates pequenos bem firmes
> 1 berinjela
> 2 abobrinhas pequenas
> 1 cebola roxa
> 5 colheres (sopa) de azeite de oliva
> 2 colheres (sopa) de alcaparras graúdas
> 100 g de pinoli

Para o molho

> 5 colheres (sopa) de azeite de oliva
> 1 colher (sopa) de óleo de gergelim torrado
> 1 colher (sopa) de vinagre balsâmico
> 1 colher (sopa) de shoyu
> ½ colher (café) de cominho em pó
> sal e pimenta-do-reino moída na hora

Lave bem os legumes. Acenda o forno. Coloque os pimentões em uma assadeira, na parte de baixo do forno, para que "queimem" de todos os lados (lembre-se de virá-los). Em seguida, envolva os pimentões com várias folhas de papel-toalha e deixe por 10 minutos. Descasque e corte os pimentões em tiras. Espalhe as tiras em um prato grande.

Corte os tomates ao meio. Corte a berinjela e as abobrinhas em rodelas, e a cebola descascada em fatias finas. Aqueça o forno, unte os legumes com azeite e grelhe, menos os tomates, por 3 minutos de cada lado. Grelhe os tomates somente do lado em que foram cortados. Arrume os legumes grelhados no prato em que está
o pimentão.

Prepare o molho. Coloque o azeite e o óleo, o vinagre, o shoyu e o cominho em uma tigela e bata até emulsionar os ingredientes. Acerte o sal (lembre que o shoyu é bem salgado) e adicione uma pitada de pimenta.

Despeje o tempero sobre os legumes, decore com as alcaparras e deixe marinar por 30 minutos em temperatura ambiente. Toste os pinoli em uma frigideira antiaderente. Na hora de servir, decore com os pinoli.

Sugestão: Sirva a salada com um tabule (trigo para quibe demolhado e misturado com salsinha picada, tomates e pepinos cortados em cubinhos, temperado com suco de limão, azeite e sal a gosto).
As alcaparras graúdas podem ser substituídas por alcaparras miúdas em conserva.

Fonte excepcional de proteínas vegetais, o tofu resulta da fermentação do leite de soja com nigari (um tipo de cloreto de magnésio proveniente do sal marinho), que a seguir é escorrido e prensado. Quanto menos prensado for o tofu, mais macio ele fica – alguns têm a consistência delicada de um pudim.

Tofu com gengibre, cebolinha e brotos de alfafa

PREPARO: 10 MINUTOS
COZIMENTO: 3 MINUTOS
PARA 4 PESSOAS

> 2 cebolinhas
> 30 g de gengibre
> 5 colheres (sopa) de shoyu
> 1 maçã verde
> 200 g de tofu macio
> 30 g de brotos de alfafa (ou outro à sua escolha)
> 2 colheres (sopa) de gergelim branco e preto

Lave a cebolinha e corte em rodelas finas. Descasque e pique o gengibre e misture-o ao shoyu. Reserve. Lave a maçã, retire as sementes e corte em cubinhos.

Coloque o tofu em um prato de servir. Tempere com a cebolinha picada, os brotos e os cubinhos de maçã. Regue com a mistura de shoyu e gengibre reservada.

Toste os dois tipos de gergelim em uma frigideira antiaderente (cuidado, não toste demais para não amargar) e salpique no tofu na hora de servir.

Rolinhos primavera à moda vietnamita

PREPARO: 20 MINUTOS
PARA 4 PESSOAS

Para os rolinhos
> 2 folhas de papel de arroz
> 50 g de bifum
> 100 g de brotos de soja
> 50 g de brotos de rabanete
> 1 cenoura pequena
> 100 g de tofu defumado
> 4 folhas de alface
> 1 maço pequeno de hortelã
> sal

Para o molho
> ¼ de xícara (chá) de água
> 2 colheres (sopa) de mel
> 1 colher (café) de shoyu
> ½ colher (café) de gengibre picadinho
> ½ colher (café) de pasta de pimenta
> ½ manga verde pequena cortada em cubinhos
> 1 colher (sopa) de amendoim torrado sem sal

Prepare os rolinhos. Com cuidado, umedeça as folhas do papel de arroz em água gelada, para amolecer, e em seguida coloque-as sobre um pano úmido. Cubra com outro pano úmido para o papel não ressecar. Mergulhe o bifum em uma panela de água salgada fervente por 2 minutos e escorra. Lave e seque os brotos de soja e de rabanete. Descasque, lave e corte a cenoura e o tofu defumado em palitos finos. Lave e seque as folhas de alface. Lave, seque e retire as folhas do maço de hortelã (reserve alguns galhinhos).

Em uma das laterais da folha de arroz, coloque uma folha de alface. Sobre a alface, espalhe ¼ dos seguintes ingredientes: bifum escaldado, palitos de cenoura e de tofu defumado, brotos de soja e de rabanete. Coloque algumas folhas de hortelã e enrole a alface, formando um rolinho. Dobre as extremidades, como se faz no rolinho primavera. Depois de preparar os quatro rolinhos, embrulhe separadamente em filme de PVC e mantenha na geladeira.

Prepare o molho. Coloque todos os ingredientes, menos a manga e o amendoim, em uma tigelinha e bata bem. Na hora de servir, junte a manga e o amendoim picado grosseiramente. Sirva os rolinhos cortados ao meio com o molho à parte.

Minipizzas de tomate, abobrinha e ovo estrelado

PREPARO: 15 MINUTOS
FORNO: 15 MINUTOS
PARA 4 PESSOAS

> 4 tomates médios maduros e firmes
> 1 abobrinha pequena, firme
> 1 dente de alho sem casca e sem germe
> 1 maço pequeno de manjericão
> ½ xícara (chá) de azeite de oliva
> 100 g de pinoli
> 300 g de massa para pizza
> ½ xícara (chá) de farinha de trigo
> 4 ovos orgânicos pequenos
> sal e pimenta-do-reino moída na hora

Lave os tomates e a abobrinha e corte em rodelas finas. Pique o dente de alho. Lave as folhas de manjericão e seque. Coloque o azeite em uma tigela, junte o manjericão, metade dos pinoli e tempere com sal e pimenta a gosto.

Preaqueça o forno a 210 °C. Unte 4 discos de massa para pizza com metade da mistura de azeite com manjericão e espalhe as fatias de tomate e de abobrinha.

Arrume as minipizzas em uma assadeira forrada com papel-manteiga. Tempere com o restante da mistura de azeite e manjericão e espalhe o restante dos pinoli. Asse por 10 minutos.

Retire as minipizzas do forno e quebre um ovo sobre cada uma. Leve de volta ao forno e asse por mais 5 minutos. Sirva assim que tirar do forno, acompanhadas de vinho ligeiramente resfriado.

Sugestão: Em vez de massa de pão, use discos prontos de minipizzas congelados ou frescos.

Os queijos usados nesta receita não devem ser muito cremosos, para não "derreterem" na frigideira durante o cozimento. Um queijo como o crottin, de tamanho pequeno, é ideal.

Queijo de cabra empanado e salada de legumes crus

PREPARO: 15 MINUTOS
COZIMENTO: 5 MINUTOS
PARA 4 PESSOAS

Para o queijo empanado
> 1 clara
> 4 queijos de cabra pequenos cortados em fatias de um dedo de espessura
> gergelim para empanar
> 2 colheres (sopa) de azeite de oliva

Para a salada
> 12 folhas de manjericão
> 2 cenouras pequenas
> ½ maço de rabanete sem os talos
> 1 bulbo de erva-doce pequeno
> 2 talos de salsão

Para o molho
> 3 colheres (sopa) de azeite de oliva
> 2 colheres (sopa) de óleo de pistache
> 1 colher (sopa) de vinagre balsâmico
> duas pitadas de pimenta vermelha em pó
> sal

Prepare o queijo empanado. Bata ligeiramente a clara. Mergulhe o queijo na clara batida e a seguir no gergelim e reserve.

Prepare a salada. Lave e seque delicadamente as folhas de manjericão. Lave e descasque a cenoura. Lave e seque os demais legumes. Corte todos eles em fatias bem finas, usando uma faca ou mandoline, e misture delicadamente.

Prepare o molho. Coloque todos os ingredientes em uma tigela e bata bem até emulsionar.

Aqueça o azeite em uma frigideira antiaderente. Coloque cuidadosamente as fatias de queijo de cabra na frigideira e doure (2 a 3 minutos de cada lado). Tempere os legumes crus com o molho e distribua entre quatro pratos. Coloque duas fatias de queijo em cada prato, decore com folhas de manjericão e sirva imediatamente.

Sugestão: Decore a salada com pistaches descascados sem sal tostados e grosseiramente picados.

PETISCOS E ENTRADAS

Se encontrar, use lentilhas verdes du Puy nesta salada. Essa variedade de origem francesa é miúda, tem sabor leve e não perde o formato quando cozida, qualidades ideais para esta receita. Qualquer tipo de lentilha contém muitas proteínas, carboidratos e sais minerais, nutrientes indispensáveis no dia a dia.

Salada de lentilhas verdes

PREPARO: 15 MINUTOS
COZIMENTO: 25 MINUTOS
PARA 4 PESSOAS

Para a salada de lentilha
> 1 maço de salsinha
> 2 colheres (sopa) de azeite de oliva
> 6 cebolas-pérolas picadas
> 1 colher (sopa) de curry
> 400 g de lentilhas (de preferência lentilhas verdes du Puy)
> sal e pimenta-do-reino a gosto
> 100 g de uvas-passas claras
> 2 maçãs
> 50 g de nozes

Para o molho
> 3 colheres (sopa) de azeite de oliva
> 2 colheres (sopa) de óleo de nozes
> 2 colheres (sopa) de vinagre de xerez
> sal e pimenta-do-reino moída na hora

Lave e pique a salsinha (somente as folhas). Em uma panela grande, aqueça o azeite e refogue metade da cebola junto com o curry por 5 minutos. Em seguida, acrescente as lentilhas e cubra com água (calcule 2 vezes o volume de lentilhas). Assim que ferver, tempere com sal, pimenta-do-reino e metade da salsinha. Ferva por 15 minutos. Acrescente as uvas-passas e deixe cozinhar por mais 5 minutos. As lentilhas vão absorver toda a água do cozimento, mas devem continuar firmes. Retire do fogo, transfira para uma tigela e deixe esfriar.

Lave as maçãs, retire as sementes e corte em cubinhos. Pique grosseiramente as nozes.

Prepare o molho. Coloque todos os ingredientes em uma tigelinha e bata até emulsionar. Prove e acerte o sal.

Pouco antes de servir, junte os cubinhos de maçã, as nozes, o restante da salsinha e o restante da cebola às lentilhas. Tempere com o molho à base de vinagre de xerez e misture bem.

PETISCOS E ENTRADAS

Torradas de pão integral com geleia de pimentão e ovo poché

PREPARO: 30 MINUTOS

COZIMENTO: CERCA DE 40 MINUTOS

PARA 4 PESSOAS

Para a geleia de pimentão

> 6 pimentões vermelhos carnudos

> 2¼ xícaras (chá) de açúcar (ajuste a quantidade conforme o peso dos pimentões, ver preparo)

> ½ xícara (chá) de vinagre de xerez

Para as torradas com ovo poché

> ¼ de xícara (chá) de vinagre branco

> 4 ovos pequenos

> 8 fatias grandes de pão integral

> 2 miolos de alface lisa ou crespa

> 2 colheres (sopa) de azeite de oliva

> sal e pimenta vermelha em pó

Prepare a geleia de pimentão. Arrume os pimentões em uma assadeira e leve ao forno. Asse os pimentões até a pele ficar inteiramente escura. Embrulhe-os em várias folhas de papel--toalha ou coloque-os dentro de um saco de papel por 15 minutos. Retire, corte o cabinho e tire a pele e as sementes (atenção, não lave os pimentões para não tirar o sabor). Corte-os em tiras finas. Pese a polpa dos pimentões e providencie o mesmo volume de açúcar. Numa panela, coloque ⅔ do açúcar, as tiras de pimentão e o vinagre de xerez. Misture e leve ao fogo. Deixe cozinhar em fogo brando por 40 minutos. Guarde a geleia em vidros esterilizados.

Prepare as torradas. Em uma panela, ferva um pouco de água com o vinagre branco. Faça os ovos poché: quebre os ovos em uma xícara. Com o cabo de uma colher de pau, mexa a água fervente para criar um redemoinho, despeje o ovo com cuidado no centro e cozinhe durante 5 minutos. Retire, escorra e reserve.

Enquanto isso, toste as fatias de pão e passe geleia de pimentão. Arrume as torradas em pratos individuais e coloque o ovo poché. Decore com folhas de alface tenras temperadas com um fio de azeite, sal e pimenta a gosto. Se quiser, sirva mais geleia de pimentão em potinhos à parte.

Atualmente os aspargos verdes são encontrados até mesmo em supermercados. Nesta receita, vamos usar aspargos verdes frescos, ou seja, o talo deve quebrar facilmente e a ponta em flor deve estar fechada, bem verde e tenra.

Pudinzinhos de aspargos com tofu

PREPARO: 15 MINUTOS
COZIMENTO: 40 MINUTOS
PARA 4 PESSOAS

> 1 maço de cebolinha
> 1 maço de aspargos verdes
> 200 g de tofu
> 2 ovos
> 1 colher (sopa) de manteiga
> 1 colher (sopa) de azeite de oliva
> sal e pimenta-do-reino moída na hora
> uma pitada de pimenta vermelha em pó

Para o molho
> 3 colheres (sopa) de azeite de oliva
> suco de 1 laranja
> sal

Prepare os pudins de aspargos. Unte com manteiga quatro forminhas e forre com papel-manteiga. Lave e pique a cebolinha (reserve um pouco para decorar). Corte as pontas dos aspargos e reserve. Preaqueça o forno a 180 °C. Corte os talos em pedaços (dispense a parte mais dura e fibrosa), cozinhe por 10 minutos em água fervente salgada e escorra. Bata no liquidificador o tofu amassado, os ovos, a cebolinha e o aspargo cozido. Tempere com sal e pimenta-do-reino. Divida a massa entre as fôrmas e coloque em uma assadeira. Despeje água fervente na assadeira e asse os pudins em banho-maria por 30 minutos.

Prepare os aspargos grelhados. Corte as pontas dos aspargos reservados ao meio, pelo comprimento, e doure em uma frigideira com azeite bem quente por 3 minutos. Tempere com sal e pimenta-do-reino a gosto.

Prepare o molho de laranja. Bata o azeite e o suco de laranja até emulsionar. Tempere com pouco sal.

Desenforme os pudins e retire cuidadosamente o papel-manteiga. Regue com o molho de laranja, decore com as pontas de aspargos grelhadas, a cebolinha reservada e a pimenta vermelha em pó. Sirva imediatamente.

Quem gosta da culinária italiana certamente aprecia o queijo pecorino, tão famoso quanto o parmesão. Seu sabor inigualável e pronunciado deve-se ao leite integral de ovelha com o qual é fabricado. No Brasil, é possível encontrar queijo pecorino romano, sardo e toscano (que é muito macio). Nesta receita, o pecorino pode ser substituído pelo manchego, um queijo de ovelha de origem espanhola com consistência e gosto semelhantes.

Torta de alcachofra e queijo pecorino

PREPARO: 20 MINUTOS
DESCANSO DA MASSA: 1 HORA
COZIMENTO: 30 MINUTOS
PARA 4 PESSOAS

Para a massa
> 1½ xícara (chá) de farinha de trigo
> 1 ovo
> uma pitada de sal
> ¼ de xícara (chá) de azeite de oliva
> ¼ de xícara (chá) de água
> 1 colher (café) de folhas de tomilho fresco picadas

Para o recheio
> 6 fundos de alcachofras congelados
> 1 punhado de rúcula
> 4 colheres (sopa) de pinoli
> 3 ovos
> 200 ml de creme de leite fresco
> 60 g de queijo pecorino ralado na hora
> uma pitada de noz-moscada
> sal e pimenta-do-reino moída na hora

Prepare a massa. Coloque a farinha em uma tigela e faça uma cova no centro. Bata o ovo com o sal e despeje na cova. A seguir, adicione o azeite, a água e o tomilho. Misture com as mãos até obter uma massa homogênea. Faça uma bola de massa, embrulhe em filme de PVC e deixe descansar por 1 hora na geladeira.

Preaqueça o forno a 180 °C.

Prepare o recheio. Cozinhe os fundos de alcachofras por 5 minutos em uma panela com água salgada, escorra e pique. Lave, seque e pique as folhas de rúcula. Em uma frigideira antiaderente, toste metade dos pinoli. Em uma tigela, bata os ovos com o creme de leite, acrescente a rúcula, os pinoli grosseiramente picados, metade do queijo pecorino ralado, a noz-moscada, o sal e a pimenta-do-reino.

Abra a massa e forre uma assadeira. Espete o fundo da massa com a ponta de um garfo e espalhe a alcachofra picada. Despeje a mistura de ovos e creme de leite, salpique com o restante dos pinoli e do pecorino. Asse por 30 minutos ou até o recheio ficar cozido e levemente dourado.

Legumes recheados com queijo fresco

PREPARO: 20 MINUTOS

COZIMENTO: 45 MINUTOS

PARA 4 PESSOAS

> 4 abobrinhas redondas pequenas
> 4 cebolas roxas médias
> 5 pimentões vermelhos ou amarelos pequenos
> 2 dentes de alho sem casca e sem germe
> 3 colheres (sopa) de azeite de oliva
> 1 maço de salsinha
> 300 g de queijo de cabra fresco
> 50 g de parmesão ralado na hora
> sal e pimenta-do-reino moída na hora

Prepare o recheio. Lave as abobrinhas, as cebolas e os pimentões. Corte uma pequena tampa no lado do cabinho e reserve. Com uma faca pequena, circunde a polpa das abobrinhas e o miolo das cebolas. A seguir, pique o que foi removido. Retire as sementes e a parte branca dos pimentões. Corte um deles em cubinhos.

Mergulhe os legumes em uma panela com água fervente salgada por 5 minutos e depois escorra. Pique o alho bem miudinho. Coloque uma colher de azeite em uma panela e frite ligeiramente o alho. A seguir, coloque os legumes picados e os cubinhos de pimentão e refogue por 5 minutos. Deixe esfriar.

Lave e pique as folhas de salsinha. Amasse o queijo de cabra com um garfo e misture a salsinha e os legumes refogados. Tempere com sal e pimenta a gosto.

Preaqueça o forno a 180 °C. Recheie os legumes com a mistura de queijo de cabra, regue com o restante do azeite e salpique parmesão ralado. Cubra cada legume com a tampa reservada e leve ao forno por cerca de 35 minutos.

Sirva os legumes recheados quentes ou frios, acompanhados de uma salada de folhas variadas.

Torta de azeitonas, tomates confitados e mozarela

PREPARO: 15 MINUTOS
COZIMENTO: 30 MINUTOS
PARA 4 PESSOAS

Para a massa
> 100 g de azeitonas pretas graúdas
> 1¾ xícara (chá) de farinha de trigo
> 4 colheres (sopa) de manteiga bem gelada
> 2 colheres (sopa) de água gelada

Para o recheio
> 400 g de tomates-cerejas
> 25 g de azeitonas pretas graúdas
> 1 colher (café) de açúcar mascavo
> 1 colher (sopa) de alecrim fresco
> ¼ de xícara (chá) de azeite de oliva
> 8 bolinhas de mozarela
> sal e pimenta-do-reino moída na hora

Prepare a massa. Retire os caroços das azeitonas e pique a polpa. Em uma tigela, despeje a farinha, faça uma cova no centro e coloque a manteiga e as azeitonas. Misture os ingredientes com as mãos até obter a consistência de uma farofa. Vá despejando a água e trabalhe rapidamente a massa. Forme uma bola, amasse-a duas vezes com a palma da mão e refaça a bola. Abra a massa com o rolo e forre uma assadeira de 22 cm de diâmetro. Espete o fundo da massa com um garfo.

Preaqueça o forno a 180 °C.

Prepare o recheio. Lave e seque os tomates-cerejas. Corte-os ao meio e espalhe sobre a massa, com as sementes voltadas para cima. Salpique o açúcar mascavo, o alecrim e as azeitonas cortadas ao meio. Regue com o azeite e tempere com sal e pimenta-do-reino. Leve ao forno por 20 minutos. Retire a torta do forno, espalhe as bolinhas de mozarela e leve de volta ao forno por cerca de 10 minutos. Sirva acompanhada de uma salada de rúcula e cebola roxa.

Sugestão: Para ressaltar o sabor do recheio, asse previamente os tomates cortados ao meio temperados com açúcar mascavo e azeite por 10 minutos, a 180 °C. Monte e asse a torta como explicado na receita.

Prefira alcachofras miúdas para esta receita. Lembre-se: as alcachofras são flores, portanto devem estar bem frescas e firmes, nunca murchas...

Omelete de alcachofras

PREPARO: 15 MINUTOS
COZIMENTO: 20 MINUTOS
PARA 4 PESSOAS

> 4 xícaras (chá) de água fria
> suco de 1 limão-siciliano
> 8 alcachofras pequenas
> ½ maço de coentro
> 6 colheres (sopa) de azeite de oliva
> 2 dentes de alho sem casca e sem germe picados
> suco de 1 laranja
> 1 colher (sopa) de vinagre balsâmico
> 1 colher (sopa) de gergelim tostado
> 8 ovos orgânicos
> sal e pimenta vermelha em pó

Cozinhe as alcachofras. Em uma tigela grande, despeje a água e o suco de limão. Retire as folhas mais duras das alcachofras e corte as pontas. Descasque os talos. Mergulhe as alcachofras na água com limão. Corte 6 alcachofras em quatro partes e reserve as demais. Lave e pique as folhas de coentro. Em uma panela, aqueça 2 colheres (sopa) do azeite, frite ligeiramente o alho picado e refogue as 6 alcachofras cortadas. Tempere com sal, pimenta e o suco de laranja. Junte metade do coentro e cozinhe em fogo brando por 15 minutos.

Prepare a salada. Pique as 2 alcachofras cruas reservadas. Tempere com 2 colheres (sopa) de azeite, vinagre, gergelim tostado, sal e pimenta a gosto.

Prepare o omelete. Bata os ovos em uma tigela. Acrescente o restante do coentro, sal e pimenta. Em uma frigideira, aqueça o restante do azeite. Despeje os ovos, junte as alcachofras cozidas e prepare o omelete em fogo brando (cerca de 5 minutos), lembrando que ele deve ficar úmido. Corte em 4 porções e sirva imediatamente, acompanhado da salada de alcachofras cruas.

Curry de legumes com leite de coco e lentilhas amarelas

PREPARO: 20 MINUTOS
COZIMENTO: 1 HORA
PARA 4 PESSOAS

> 250 g de lentilhas
> 1 colher (sopa) de pasta de curry verde
> 250 g de ervilhas-tortas
> 1 berinjela pequena e firme
> 1 pimentão vermelho
> 250 de ervilhas frescas
> 1 maço de manjericão
> 1 talo de capim-limão
> 1 2/3 xícara (chá) de leite de coco
> 3/4 de xícara (chá) de caldo de legumes orgânicos
> 1/2 colher (café) de raspas de limão-siciliano

Numa panela, cubra as lentilhas com o dobro do volume de água e metade da pasta de curry. Cozinhe as lentilhas nessa água temperada. Quando elas absorverem todo o líquido, estarão cozidas.

Lave os legumes. Retire o fio das ervilhas-tortas e o cabinho da berinjela. Corte a berinjela em cubinhos. Retire as sementes e as partes brancas do pimentão e corte em tiras. Lave, seque e separe as folhas de manjericão. Pique a parte tenra do capim-limão.

Em uma panela, coloque o leite de coco, o caldo de legumes, o restante da pasta de curry, o capim-limão picadinho e as raspas de limão. Cozinhe por 15 minutos, acrescente todos os legumes e cozinhe por mais 10 minutos. Junte as lentilhas e o manjericão e cozinhe por 5 minutos. Sirva a seguir.

Sugestão: Substitua as raspas de limão-siciliano por folhas secas de limão-kaffir (à venda em lojas de produtos orientais).

Ravióli de queijo de cabra e hortelã

PREPARO: 30 MINUTOS
COZIMENTO: 4 MINUTOS
PARA 4 PESSOAS

Para a massa
> 2½ xícaras (chá) de farinha de trigo
> 2 colheres (sopa) de sementes de chia ou gergelim preto
> 3 ovos

Para o recheio
> ½ maço de hortelã
> 40 g de nozes
> 400 g de queijo de cabra fresco
> 40 g de queijo parmesão ralado na hora, mais um pouco para servir
> 1 colher (café) de raspas de limão-siciliano
> sal e pimenta-do-reino moída na hora
> azeite de oliva

Prepare a massa do ravióli. Em uma tigela, coloque a farinha misturada com as sementes de chia, faça um buraco no centro e acrescente os ovos. Incorpore bem os ingredientes e trabalhe a massa até ficar homogênea. Embrulhe-a em filme de PVC e deixe em temperatura ambiente enquanto prepara o recheio.

Prepare o recheio. Lave a hortelã e pique as folhas. Em uma frigideira antiaderente, toste ligeiramente as nozes e pique-as. Em uma tigela, amasse o queijo de cabra, junte a hortelã, o parmesão, as nozes e as raspas de limão. Acerte o sal e tempere com pimenta a gosto. Reserve.

Abra a massa até ficar com 1 mm de espessura. Com uma carretilha, corte quadrados com cerca de 5 cm de cada lado. No centro de cada quadrado, coloque uma bolinha do recheio reservado. Dobre a massa para formar um triângulo e aperte as bordas para fechar bem.

Em uma panela grande, leve água salgada à fervura. Cozinhe os ravióli (mergulhe e escorra cuidadosamente para que não quebrem). Sirva imediatamente, regados com bastante azeite e, se quiser, salpique queijo parmesão ralado na hora.

A maioria das pessoas consome apenas massas fabricadas com farinha de trigo branca. Costumo sugerir as integrais, as de trigo-sarraceno ou até as de quinoa, à venda nas lojas de produtos naturais e orgânicos. Elas são tão ou mais saborosas que as comuns!

Espaguete integral com legumes verdes e pesto de rúcula e amêndoas

PREPARO: 15 MINUTOS
COZIMENTO: 10 MINUTOS
PARA 4 PESSOAS

Para o pesto de rúcula
> 2 punhados de rúcula
> 50 g de amêndoas
> 2 dentes de alho sem casca e sem germe
> 1 colher (café) de sal grosso
> ⅔ de xícara (chá) de azeite de oliva
> 40 g de queijo parmesão ralado na hora

Para o espaguete
> 100 g de ervilhas frescas
> 150 g de favas frescas
> 100 g de ervilhas-tortas
> 400 g de espaguete integral
> sal grosso

Prepare o pesto de rúcula. Lave e pique a rúcula, seque e corte os talos. Mergulhe as amêndoas em uma panela de água fervente por 2 minutos, escorra, retire a pele e pique grosseiramente. Com o pilão, amasse a rúcula, o alho, as amêndoas e o sal grosso até obter uma mistura cremosa. Despeje o azeite em fio, aos poucos, sem parar de socar, até incorporar os ingredientes. Junte o parmesão e misture com uma colher. Cubra com filme de PVC e mantenha sob refrigeração.

Prepare o espaguete. Lave os legumes. Retire os fios e o cabinho das ervilhas-tortas, se necessário. Em seguida, corte-as ao meio, no sentido do comprimento. Cozinhe os legumes em uma panela grande com água salgada fervente por 3 minutos. Retire-os com uma escumadeira. Espere a água ferver novamente e cozinhe o macarrão.

Quando o espaguete estiver al dente, retire uma concha da água do cozimento e reserve. Escorra o espaguete e devolva à panela. Junte os legumes, o pesto e a água do cozimento reservada. Salteie em fogo brando por 2 minutos e sirva a seguir.

Canelones com brócolis, gorgonzola e nozes

PREPARO: 10 MINUTOS
COZIMENTO: 30 MINUTOS
PARA 4 PESSOAS

- 500 g de brócolis bem verdes e firmes
- 8 folhas de lasanha
- 120 g de gorgonzola
- 1¼ xícara (chá) de creme de leite fresco
- 50 g de nozes picadas grosseiramente
- uma boa pitada de noz-moscada
- 60 g de queijo parmesão ralado
- sal e pimenta-do-reino moída na hora

Lave os brócolis, separe os floretes e cozinhe no vapor por 3 minutos. Reserve. Cozinhe a lasanha al dente e escorra a água.

Amasse o gorgonzola com um garfo. Misture metade do creme de leite, os brócolis, metade das nozes, a noz-moscada e a pimenta-do-reino. Acrescente mais um pouco de creme de leite, se necessário. Acerte o sal.

Preaqueça o forno a 180 °C.

Divida o recheio entre as folhas de lasanha e enrole a massa para formar os canelones. Arrume-os um ao lado do outro, em uma forma refratária untada. Cubra com o restante do creme de leite, salpique o parmesão e espalhe o restante das nozes. Leve ao forno por 20 minutos e sirva imediatamente.

Não há nada mais simples de fazer do que um risoto... É só não se afastar da panela e mexer o arroz durante todo o cozimento!

Risoto de legumes verdes

PREPARO: 15 MINUTOS
COZIMENTO: 15-20 MINUTOS
PARA 4 PESSOAS

> 1,5 litro de caldo de legumes orgânicos
> 100 g de ervilhas frescas
> 50 g de favas verdes sem casca ou edamame
> 12 pontas de aspargos verdes
> 4 floretes de brócolis
> 8 folhas de manjericão
> 4 colheres (sopa) de azeite de oliva
> 1 cebola pequena picadinha
> 250 g de arroz arbório
> ½ xícara (chá) de vinho branco seco
> 3 colheres (sopa) de manteiga sem sal
> 75 g de parmesão ralado na hora
> sal e pimenta-do-reino moída na hora

Prepare o caldo de legumes e mantenha-o aquecido. Lave todos os legumes e o manjericão. Separe as folhas de manjericão e reserve. Aqueça metade do azeite em uma panela. Acrescente a cebola e frite até ela ficar transparente. Ponha o arroz e o restante do azeite. Misture e refogue o arroz em fogo alto por 3 minutos. Despeje o vinho branco. Quando o álcool do vinho evaporar (2 a 3 minutos), despeje o caldo de legumes até cobrir o arroz. Abaixe o fogo e, sem parar de mexer com a colher de pau, deixe cozinhar tendo o cuidado de manter o arroz coberto pelo caldo fervente. Vá acrescentando o caldo aos poucos, mexendo sempre.

Após 10 minutos, coloque os legumes no caldo de legumes restante por 3 minutos, retire com uma escumadeira e junte esses legumes ao risoto. Continue cozinhando o risoto por mais 5 minutos, acrescentando caldo aos poucos e mexendo sempre. Quando o preparo estiver cremoso e o arroz al dente, retire a panela do fogo, despeje uma concha pequena de caldo, a manteiga, o manjericão reservado e o parmesão. Acerte o sal, coloque pimenta-do-reino a gosto, misture e sirva a seguir.

Arroz basmati com frutas secas

PREPARO: 10 MINUTOS
COZIMENTO: 20 MINUTOS
PARA 4 PESSOAS

> 1 xícara (chá) de arroz basmati integral
> 40 g de castanhas-de-caju
> 40 g de amêndoas
> 40 g de pistaches sem sal
> 2½ de caldo de legumes orgânicos
> 2 colheres (sopa) de óleo de girassol
> 1 cebola grande picadinha
> sementes de 4 bagas de cardamomo
> ½ colher (café) de gengibre em pó
> duas pitadas de coentro em pó
> 2 cravos-da-índia
> 4 damascos secos cortados grosseiramente
> 1 colher (sopa) de uvas-passas claras
> sal

Lave o arroz várias vezes até a água ficar clara. Pique grosseiramente as castanhas-de-caju e as amêndoas. Conserve os pistaches inteiros.

Em uma panela grande, coloque o óleo e refogue a cebola. Junte as castanhas-de-caju, as amêndoas e o arroz. Misture delicadamente e acrescente as especiarias (cardamomo, gengibre, coentro e cravo-da-índia). Refogue por mais 3 minutos. Despeje o caldo de legumes. Junte os damascos secos cortados em quatro, as uvas-passas e uma pitada de sal. Deixe cozinhar em fogo brando até que o líquido seja completamente absorvido.

Sirva o arroz com iogurte batido.

Bolinhos de arroz integral com mozarela

PREPARO: 15 MINUTOS

COZIMENTO: 7 MINUTOS

PARA 4 PESSOAS

> 1 maço de manjericão
> 300 g de arroz integral bem cozido e um pouco grudento
> 2 ovos pequenos batidos
> 50 g de queijo parmesão ralado na hora
> duas pitadas de noz-moscada ralada na hora
> 8 bolinhas de mozarela
> 1 xícara (chá) de farinha de rosca
> ⅔ de xícara (chá) de azeite de oliva
> sal e pimenta-do-reino moída na hora

Lave o manjericão, retire as folhas e pique. Misture as folhas com o arroz cozido. Acrescente os ovos batidos, o queijo ralado, a noz-moscada e pimenta-do-reino. Acerte o sal.

Molde oito bolinhos e recheie com a mozarela (trabalhe com as mãos molhadas, pois a massa é um tanto grudenta).

Passe os bolinhos na farinha de rosca. Aqueça o azeite em uma pequena frigideira antiaderente. Frite um a um delicadamente até dourar (não deixe o azeite aquecer demasiadamente). Sirva com uma salada de rúcula.

Esta receita é suave e ao mesmo tempo revigorante: uma ótima opção para crianças – e adultos – aprenderem a apreciar legumes...

Gratinado de batatas, cará e salsão

PREPARO: 15 MINUTOS
COZIMENTO: 1 HORA
PARA 4 PESSOAS

> 400 g de cará
> 600 g de batatas
> 1 talo de salsão
> 1 litro de leite integral
> 1 dente de alho sem casca e sem germe
> 1 colher (sopa) de manteiga sem sal
> 2 ovos
> 200 ml de creme de leite fresco
> 100 g de gruyère ou parmesão
> uma boa pitada de noz-moscada ralada na hora
> sal e pimenta-do-reino moída na hora

Descasque o cará e as batatas. Lave bem e corte em fatias finas. Lave e pique o talo do salsão. Em uma panela grande, despeje o leite e tempere com pimenta-do-reino e noz-moscada. Cozinhe o cará por 10 minutos, tire com uma escumadeira e reserve. Faça o mesmo com a batata.

Esfregue o dente de alho em uma fôrma refratária e unte com a manteiga.

Preaqueça o forno a 180 °C. Bata os ovos com o creme de leite e meia xícara do leite de cozimento. Tempere com pimenta-do-reino e uma pitada de noz-moscada. Acerte o sal. Rale o queijo.

Arrume as fatias de batata no fundo do prato, despeje um pouco dos ovos batidos com creme de leite e espalhe um pouco do queijo ralado. Por cima, arrume as fatias de cará e espalhe a mistura de ovos e o queijo ralado. Continue alternando as camadas até terminar os ingredientes. Espalhe o salsão picado e polvilhe queijo ralado. Leve ao forno para gratinar. Sirva quente, acompanhado de uma salada de endívias e nozes.

Sugestão: Experimente substituir o cará por batata-doce, mandioca ou tiras de erva-doce.

Escolha legumes bem frescos e selecione especiarias de boa qualidade para transformar este prato em uma experiência culinária inesquecível.

Cuscuz marroquino de legumes e uvas-passas

PREPARO: 15 MINUTOS
COZIMENTO: 35 MINUTOS
PARA 4 PESSOAS

> 1 lata pequena de grão-de-bico em conserva
> 4 cenouras
> 1 nabo pequeno
> 1 cebola
> 1 cravo-da-índia
> 2 abobrinhas
> 1 talo de salsão
> 50 g de gengibre fresco
> 1 maço pequeno de coentro
> 4 colheres (sopa) de azeite de oliva
> 1 colher (café) de canela em pó
> 1 colher (café) de cominho
> 1 colher (café) de cúrcuma
> 1 colher (sopa) de sal grosso
> 2 colheres (chá) de harissa (pasta de pimenta vermelha)
> 500 g de trigo partido (bulgur)
> 100 g de uvas-passas claras

Escorra os grãos-de-bico. Lave e descasque a cenoura e o nabo. Espete o cravo na cebola. Retire o cabinho e corte as abobrinhas em fatias grossas. Corte o talo de salsão em fatias de 2 cm. Descasque e pique o gengibre. Lave as folhas de coentro e divida em duas partes. Pique uma e reserve a outra.

Na parte inferior de uma panela para cozimento a vapor, coloque 3 colheres (sopa) de azeite, as especiarias e o gengibre. Refogue o nabo, o salsão e a cenoura por 5 minutos. Cubra com 1,5 litro de água, acrescente o sal grosso, a cebola espetada com o cravo e metade do coentro. Depois que levantar fervura, deixe cozinhar em fogo médio por 15 minutos. Junte metade da harissa, o grão-de-bico e a abobrinha. Cozinhe por mais 10 minutos.

Despeje uma concha do caldo de cozimento sobre o trigo partido para hidratá-lo. Separe bem os grãos com a ajuda de um garfo. Misture a outra metade do coentro picado (reserve um pouco para decorar), as uvas-passas e o restante do azeite. Coloque esse preparo na cesta da panela a vapor, cubra e cozinhe por 10 minutos.

Coloque os legumes em uma tigela e decore com um pouco de coentro picado. Sirva o trigo cozido no vapor e o restante da pimenta à parte.

Musseline com frutas vermelhas

PREPARO: 10 MINUTOS

TEMPO DE GELADEIRA: 4 HORAS
(NO MÍNIMO)

PARA 4 PESSOAS

> 500 ml de creme de leite integral
  fresco
> 500 g de iogurte integral
> 250 g de morangos
> 125 g de framboesas
> 5 colheres (sopa) de mel de flores

Deixe a tigela, os batedores e o creme de leite na geladeira por 2 horas antes de começar a fazer a receita, para que tudo fique bem gelado.

Coloque o iogurte em uma peneira fina ou gaze e deixe escorrer por 30 minutos para retirar bem o soro.

Bata o iogurte até ficar bem cremoso. Bata o creme de leite até o ponto de chantilly. Acrescente o iogurte e incorpore os ingredientes. Forre uma peneira com gaze e despeje o preparo. Coloque a peneira sobre uma tigela, cubra com filme de PVC e mantenha na geladeira por 4 horas para escorrer (assim, o preparo vai ficar com consistência firme e ao mesmo tempo aerada).

Lave as frutas vermelhas rapidamente e com cuidado sob água corrente. Retire os cabinhos dos morangos e corte ao meio. Misture os morangos às framboesas e ao mel.

Sirva uma boa colherada de musseline e decore com as frutas vermelhas.

Sugestão: O iogurte pode ser substituído por queijo mascarpone. Em vez de frutas vermelhas, sirva esta sobremesa com xarope de bordo e amêndoas grelhadas ou com geleia de laranja e uma pitada de canela. A gaze para drenar o preparo pode ser adquirida em farmácias.

A versátil quinoa pode ser o ingrediente principal de muitas sobremesas. Isso mesmo, essa é mais uma forma de aproveitar todas as qualidades do sagrado grão dos incas.

Cuscuz doce de quinoa com morangos

PREPARO: 10 MINUTOS
COZIMENTO: 35 MINUTOS
PARA 4 PESSOAS

> 500 g de morangos
> 1 limão-siciliano
> ½ xícara (chá) de açúcar demerara
> 300 g de quinoa
> 6 colheres (sopa) de mel

Lave rapidamente os morangos em água fresca corrente. Retire os cabinhos e corte-os ao meio. Lave o limão-siciliano e raspe uma parte da casca. Esprema o limão e reserve o suco.

Coloque metade dos morangos em uma panela pequena. Junte 70 g de açúcar demerara e metade do suco de limão. Cozinhe em fogo brando por 15 minutos, ou até obter a consistência de uma compota. Escorra e reserve a calda.

Cozinhe a quinoa em 750 ml de água fervente por 5 minutos. Acrescente 4 colheres (sopa) de mel e cozinhe por mais 15 minutos. Escorra e deixe esfriar.

Misture o restante dos morangos com 30 g de açúcar demerara, ½ colher (café) das raspas de limão e 2 colheres (sopa) do suco de limão.

Sirva a quinoa regada com o restante do mel, a calda de cozimento dos morangos e uma colherada da compota de morangos. Decore com os morangos frescos reservados temperados com limão.

Uma versão sofisticada do popular e imbatível bolo de cenoura... Quem vai resistir?

Bolinhos de cenoura e avelãs

PREPARO: 15 MINUTOS
FORNO: 30-40 MINUTOS
PARA 4 PESSOAS

> 200 g de cenouras
> 100 g de avelãs picadas
> 100 g de manteiga com sal, mais um pouco para untar as forminhas
> 1 ovo
> 1 pote de iogurte natural integral
> ½ xícara (chá) de açúcar mascavo, mais um pouco para polvilhar as forminhas
> 40 g de farinha de amêndoas
> 1 colher (chá) de fermento em pó
> ½ colher (café) de canela em pó
> uma pitada de sal

Preaqueça o forno a 180 °C. Descasque, lave e rale finamente as cenouras.

Em uma frigideira antiaderente, doure levemente metade das avelãs. Deixe esfriar e junte as avelãs cruas. Derreta a manteiga em fogo brando.

Bata ligeiramente o ovo com o iogurte e despeje sobre a cenoura ralada. Junte as avelãs tostadas, a manteiga derretida, o açúcar mascavo, a farinha de amêndoas, o fermento peneirado, a canela e o sal.

Unte as fôrmas individuais com manteiga e polvilhe açúcar. Distribua a massa entre as fôrmas e leve ao forno por 30 a 40 minutos. Espere esfriar por 5 minutos e só então desenforme os bolinhos.

Sugestão: Embrulhe os bolinhos frios em filme de PVC e guarde-os até o dia seguinte. Eles ficarão ainda mais saborosos.

Panquecas de farelo de aveia e baunilha

PREPARO: 10 MINUTOS
COZIMENTO: 5 MINUTOS
DESCANSO DA MASSA: 1 HORA
PARA 4 PESSOAS (12 PANQUECAS)

> 4 colheres (sopa) de manteiga
> 1 fava de baunilha
> 1¼ xícara (chá) de farinha de trigo
> ⅓ de xícara (chá) de açúcar demerara
> 2 colheres (chá) de fermento em pó
> 2 ovos
> uma pitada de sal
> 1¼ xícara (chá) de leite integral
> ¾ de xícara (chá) de farelo de aveia

Em uma panela pequena, derreta a manteiga, em fogo brando, junto com a fava de baunilha aberta no meio e raspada.

Em uma tigela grande, misture a farinha, o açúcar e o fermento peneirados juntos. Faça um buraco no centro e coloque os ovos um a um. Junte o sal e despeje o leite aos poucos, mexendo sempre, até obter uma massa espessa. Retire a fava da manteiga derretida e despeje na massa, alternando com o farelo de aveia. Cubra a tigela com filme de PVC e deixe a massa descansar na geladeira por 1 hora.

Prepare panquecas grossas. Aqueça uma panquequeira ou frigideira pequena (cerca de 12-15 centímetros de diâmetro). Despeje uma concha da massa e cozinhe a panqueca (2-3 minutos de cada lado). A massa é suficiente para fazer 12 panquecas.

As panquecas, sempre mornas, podem ser servidas com mel, xarope de bordo ou chocolate derretido. Para um café da manhã especial, prepare-as na véspera e, na hora de servir, é só reaquecer em uma torradeira: elas ficarão deliciosamente crocantes.

Sugestão: Não descarte a fava da baunilha, pois ela pode ser usada para fazer açúcar de baunilha.

Versátil, esta deliciosa receita fica muito saborosa com frutas frescas ou compotas. Qualquer que seja a escolha, aproveite as frutas da estação!

Panna cotta com manga e maracujá

PREPARO: 15 MINUTOS
COZIMENTO: 2 MINUTOS
INFUSÃO: 10 MINUTOS
PARA 4 PESSOAS

> 2 favas de baunilha
> 2½ xícaras (chá) de creme de leite fresco
> ¼ de xícara (chá) de xarope de agave
> 1 colher (chá) de raspas de limão--siciliano
> 1 manga madura pequena
> 3 maracujás
> 3 folhas de gelatina

Abra as favas de baunilha no sentido do comprimento e raspe as sementes. Leve ao fogo uma panela com o creme de leite, o xarope de agave, as favas e as sementes de baunilha. Assim que ferver, desligue o fogo, tampe a panela e deixe macerar por 10 minutos. Junte as raspas de limão, misture e reserve.

Descasque e corte a manga em cubinhos. Corte os maracujás no meio, retire a polpa e junte à manga picada.

Coloque as folhas de gelatina em uma tigela e cubra com água fria para amolecerem.

Retire as folhas de gelatina da água com as mãos e, uma a uma, mergulhe no creme de baunilha ainda quente e misture. As folhas vão derreter instantaneamente. Deixe o creme esfriar em temperatura ambiente e retire as favas de baunilha.

Distribua as frutas entre quatro tigelas, despeje o creme por cima, cubra com filme de PVC e leve à geladeira. Antes de servir, decore com a polpa de maracujá ou cubinhos de manga.

Copyright © 2012 Larousse
Copyright da tradução © 2014 Alaúde Editorial Ltda.

Título original: *Recettes végétariennes – Cuisine 100% saine*

Todos os direitos reservados. Nenhuma parte desta edição pode ser utilizada ou reproduzida – em qualquer meio ou forma, seja mecânico ou eletrônico –, nem apropriada ou estocada em sistema de banco de dados sem a expressa autorização da editora.

O texto deste livro foi fixado conforme o acordo ortográfico vigente no Brasil desde 1º de janeiro de 2009.

PRODUÇÃO EDITORIAL: EDITORA ALAÚDE
Preparação: Elvira Castañon
Revisão: Valéria Sanalios, Silvia Almeida
Capa: Rodrigo Frazão

EDIÇÃO ORIGINAL: ÉDITIONS LAROUSSE
Textos e fotografias: Valérie Lhomme
Produção culinária: Bérengère Abraham

Quero agradecer a Bérengère – é muito agradável trabalhar com ela –, a Christiane Perrochon, cujas cerâmicas são uma fonte de inspiração, e à Editora Larousse pela confiança.

Impressão e acabamento: 1010 Printing International Limited

1ª edição, 2014

CIP-BRASIL.
Catalogação na publicação Sindicato Nacional dos Editores de Livros, RJ

L659c

Lhomme, Valérie
     Comidinhas francesas vegetarianas / texto e fotografia Valérie Lhomme ; [tradução Eric Heneault]. - 1. ed. - São Paulo : Alaude, 2014.
    64 p. : il. ; 24 cm.

    Tradução de: Recettes végétariennes - cuisine 100% saine
    ISBN 978-85-7881-231-7

    1. Culinária francesa 2. Culinária - Receitas. I. Título.

13-07959
                        CDD: 641.5944
                        CDU: 641.568(44)

2014
Alaúde Editorial Ltda.
Rua Hildebrando Thomaz de Carvalho, 60
04012-120, São Paulo, SP
Tel.: (11) 5572-9474
www.alaude.com.br